Couverture inférieure manquante

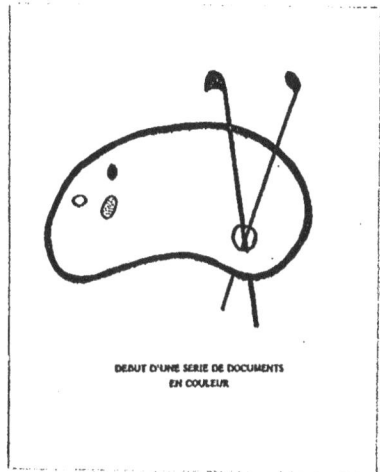

DEBUT D'UNE SERIE DE DOCUMENTS
EN COULEUR

SUPPLÉMENT A LA REVUE CRITIQUE DU 18 NOVEMBRE 1905.

NOTES
HISTORIQUES ET CRITIQUES.

RELATIVES A L'ÉDITION DE

L'HISTOIRE DES PATRIARCHES D'ALEXANDRIE

PUBLIÉE DANS

LA PATROLOGIE ORIENTALE

REPONSE A C. F. SEYBOLD (*Revue Critique*, 23 sept. 1905)

PAR

F. NAU

PARIS
ERNEST LEROUX, ÉDITEUR
LIBRAIRE DE LA SOCIÉTÉ ASIATIQUE
DE L'ÉCOLE DES LANGUES ORIENTALES VIVANTES, ETC.
28, RUE BONAPARTE, 28, VIᵉ

1905

R. GRAFFIN. — F. NAU

PROFESSEURS A L'INSTITUT CATHOLIQUE DE PARIS

PATROLOGIA ORIENTALIS

IMPRIMÉE ET ÉDITÉE CHEZ FIRMIN DIDOT, 56, Rue Jacob, Paris.

OUVRAGES PUBLIÉS :

Tome I. — Fasc. 1. — **Le livre des mystères du ciel et de la terre**, texte éthiopien, traduction française par J. Perruchon et I. Guidi. Prix : 6 fr. 50; *franco*, 7 fr. (pour les souscripteurs : 4 fr., *franco*, 4 fr. 50).

Fasc. 2. — **History of the Patriarchs of the Coptic Church of Alexandria**, texte arabe, traduction anglaise par B. Evetts, 1; Prix : 7 fr., *franco*, 7 fr. 50 (pour les souscripteurs : 4 fr. 35, *franco*, 4 fr. 85).

Fasc. 3. — **Le Synaxaire arabe jacobite**, texte arabe inédit, traduction française par René Basset. (Tout et Babeh.) Prix : 10 fr., *franco*, 10 fr. 65 (pour les souscripteurs : 6 fr. 30, *franco*, 6 fr. 95).

Fasc. 4. — **History of the Patriarchs of the Coptic Church of Alexandria**, texte arabe, traduction anglaise par B. Evetts (suite; 300-661). 2. Prix : 8 fr. 35 ; *franco* 8 fr. 95 (pour les souscripteurs : 5 fr. 25, *franco*, 5 fr. 85).

Tome II. — Fasc. 1. — **Vie de Sévère par Zacharie le Scholastique**, texte syriaque, traduction française par M.-A. Kugener. Prix : 7 fr., *franco*, 7 fr. 50 (pour les souscripteurs : 4 fr. 30, *franco*, 4 fr. 80).

Fasc. 2. — **Les Apocryphes coptes. I. Les Évangiles des douze apôtres et de saint Barthélemy**, texte copte, traduction française par E. Revillout. Prix : 5 fr., *franco*, 5 fr. 40 (pour les souscripteurs : 3 fr. 15, *franco*, 3 fr. 55).

Fasc. 3. — **Vie de Sévère par Jean, supérieur du monastère de Beith Aphthonia**, texte syriaque inédit, traduction française, suivie d'un recueil de fragments historiques syriaques, grecs, latins et arabes relatifs à Sévère, par M.-A. Kugener. Prix : 11 fr. 90, *franco*; 12 fr. 65 (pour les souscripteurs, 7 fr. 50, *franco*, 8 fr. 25).

Fasc. 4. — **Les versions grecques des Actes des martyrs Persans sous Sapor II**, textes et traductions publiés par H. Delehaye, S. J., Bollandiste. Prix : 9 fr. 50, *franco*, 10 fr. 20 (pour les souscripteurs, 6 fr., *franco*, 6 fr. 70.

(Voir à la page 3 de la couverture les ouvrages sous presse et en préparation).

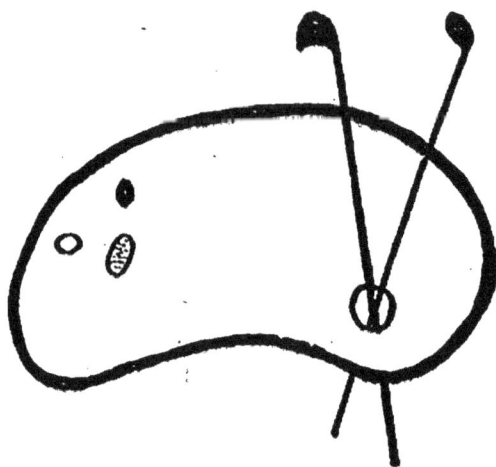

FIN D'UNE SERIE DE DOCUMENTS
EN COULEUR

RÉPONSE A MONSIEUR SEYBOLD

Je viens de parcourir « l'étrange » lettre de M. Seybold (*Revue Critique*, 23 septembre 1905, p. 235) qui accuse M. Evetts d'être « un fort pauvre arabisant » de ne pas connaître « un mot de copte » d'avoir « utilisé et pillé effrontément *son* texte arabe sans en souffler mot » et m'accuse moi-même d'avoir prêté la main à ce plagiat, bien plus d'avoir voulu le couvrir par un compte rendu anticipé et de m'être « emporté en odieux mensonges ».

Tout ceci gagnera à être censuré par quelques arbitres comme je le dirai plus loin, car il y aurait avantage à ce que les *calomnies* de M. Seybold ne soient pas relevées seulement par moi mais soient *matériellement constatées* par plusieurs savants. Pour permettre aux lecteurs de la *Revue Critique* de s'intéresser un peu à la pédantesque querelle qui nous est suscitée avec tant d'injustice, je tiens à leur en exposer brièvement l'objet.

. *.

De nombreux manuscrits arabes de Paris renferment une histoire des patriarches d'Alexandrie utilisée largement par Renaudot au xvii⁰ siècle et dont les passages les plus intéressants ont été traduits ou résumés par lui dans son *Historia patriarcharum Alexandrinorum* publiée à Paris en 1713. Après Renaudot, ces manuscrits furent ensevelis durant près de deux siècles dans un profond oubli lorsque M. Blochet, attaché à la Bibliothèque Nationale de Paris, les parcourut et en tira de nombreux fragments qu'il traduisit dans l'*Orient latin* à partir de 1898. Il songea même à donner une édition complète du texte arabe et, en 1896, il prit, avec le concours de Mgr Graffin, une photographie du manuscrit 301 pour servir de base à son édition projetée. A la même époque, un jeune savant anglais, M. Evetts, qui s'est spécialisé dans l'histoire de la littérature arabe de l'Égypte, avait transcrit de sa main le tome premier d'un manuscrit du même ouvrage conservé à Londres au *British Museum*. Lorsque M. Evetts connut le projet de M. Blochet, avec une générosité et un désintéressement qui font son éloge et que nous ne pouvons trop mettre en relief, il adressa aussitôt, en 1896 ou 1897, sa transcription à Mgr Graffin pour que M. Blochet en fit l'usage qu'il voudrait. Mais M. Blochet, occupé à d'autres publications, comme l'histoire de l'Égypte de Makrisi qu'il traduisait pour l'*Orient latin* et l'*Histoire des Mongols* dont il publie le texte en Angleterre, et touché d'ailleurs du désintéressement et de la noblesse de caractère dont M. Evetts venait de faire preuve, permit à Mgr Graffin de disposer comme il le voudrait des photographies qui avaient été prises expressément pour lui. Mgr Graffin les remit donc à M. Crum, ami de M. Evetts, qui les remit à son tour à ce dernier. C'est ainsi que M. Evetts, avec sa transcription du manuscrit de Londres et la photographie du manuscrit 301 de Paris, commença à préparer cette édition pour la Patrologie Orientale, fondée dès 1897 comme on le trouvera écrit et même démontré ailleurs [1].

Au commencement de 1902, M. Evetts adressa tout le manuscrit 301 de Paris, texte et traduction, prêt pour l'impression, à Mgr Graffin, et M. Crum, dans les *Proceedings S. B. A.* du 12 février 1902, *annonça l'apparition pr. aine de l'ouvrage* [2]. Malheureusement la *Patrologie orientale* subissait un retard considérable du fait de la maladie de son premier auteur, M. Perruchon, qui avait été le bras droit de Mgr Graffin lors de la fondation de cette grande et utile entreprise. Aussi M. Evetts chargea-t-il M. Crum, de passage à Paris durant les vacances du nouvel an, décembre 1902 à janvier 1903, de demander à Mgr Graffin s'il comptait publier cet ouvrage ou s'il voulait le rendre à l'auteur. C'est alors que Mgr Graffin me demanda de l'aider et de lui prêter le concours qu'il ne pouvait plus attendre de M. Perruchon. On annonça donc à M. Evetts que, dès l'achèvement des nouveaux caractères arabes alors en cours, on imprimerait son travail. Dès ma première démarche près de M. Rubens Duval, j'appris le projet formé par M. l'abbé Chabot avec les subsides d'une personne charitable, pour reprendre à son compte le projet formé et mis partiellement à exécution par Mgr Graffin. Mais je ne veux pas

---

1. Cf. *Patrologia Orientalis*, t. I, fasc. I, p. v. La Patrologie Orientale imprimée et éditée par la maison Firmin Didot publie des textes orientaux avec traduction en langue moderne. Le format choisi est *le format des Patrologies de Migne*, on trouve sur une même page le texte, les variantes, la traduction et les notes. Le prix de souscription a été réduit à 0,60 la feuille de 16 pages (port en sus). Huit fascicules ont déjà parus et six autres sont à l'impression.

2. Il utilisait déjà à cette date la traduction de M. Evetts : I am not in a position to discuss Renaudot's methods; we may look for an estimate of these in Mr Evetts's forthcoming edition of Severus. — Nous avons publié nous-même un fragment de cette traduction dans le Journal Asiatique, juillet-août 1903, p. 184, note 1; on retrouvera mot pour mot ce fragment dans la *Patrologia Orientalis*, t. I, fasc. 4, page 444.

mêler la question du *Corpus* à celle de M. Seybold et la réserve, dès
que l'occasion s'en offrira, pour un autre jury d'honneur [1].

Peu après arriva, en coup de foudre, la nouvelle que M. Seybold, de
Tubingue, allait publier chez M. l'abbé Chabot la première partie du
travail de M. Evetts, celle dont la rédaction est attribuée par lui [1] à
Sévère ibn al-Moqaffa; aussi dès que j'appris que la Bibliothèque
Nationale de Paris avait prêté à Tubingue, à la date du 18 avril 1903,
le manuscrit arabe 301, j'écrivis aussitôt, à la date du 28 avril 1903, à
M. Seybold, pour lui annoncer que *j'avais le manuscrit 301 tout entier,
texte et traduction, tout prêt pour l'impression, et je lui offris de le montrer à un orientaliste qu'il m'adresserait pour contrôler ce fait* [3]. JE NE
REÇUS AUCUNE RÉPONSE [4]. Aussi, en juillet 1904, j'adressais en termes dis-
crets mais assez clairs une invite à M. Seybold dans la *Revue de l'Orient
chrétien*. Puisqu'il n'avait pas daigné répondre à une lettre particulière, j'espérais l'amener à me donner quelques éclaircissements dans
une Revue. Ce fut alors peine perdue. Le 13 décembre 1904, M. Evetts
nous écrivit que M. Seybold l'accusait de l'avoir plagié et nous pria
de rétablir la vérité. Mgr Graffin à son tour écrivit à M. Seybold et
n'en reçut aucune réponse. Au congrès d'Alger (Avril 1905), je priai à
plusieurs reprises M. Asin de chercher M. Seybold que je n'avais
jamais vu, afin de me présenter à lui et d'avoir enfin une explication
orale puisqu'on ne pouvait en tirer ni réponse aux lettres particulières
ni explications dans une revue; nous ne pûmes le trouver. Enfin, à la
dernière séance de la section musulmane, où je m'étais rendu pour y
faire une courte communication, j'entendis M. Seybold prononcer

---

1. M. H. Derenbourg, dont je regrette d'avoir suivi pendant trop peu de temps
les cours et qui fut l'un des premiers au courant de la reprise de la Patrologie
voulut bien me dire qu'il s'intéressait beaucoup à la fin de l'histoire des patriarches. M. Evetts, avec cette largeur d'esprit et cette noblesse de caractère qu'il n'a
cessé de montrer, laissa à M. Salmon, mon ancien condisciple, le soin de publier
sous la direction de M. Derenbourg la fin du ms. 302 qui est contemporain des
croisades. Mais, comme charge correspondante, M. Salmon devait relever pour
M. Evetts les principales variantes des autres manuscrits de Paris. Une mission
au Maroc dont il eut l'honneur d'être chargé par le gouvernement français ne lui
permit pas de remplir cette partie de sa tâche, il renonça donc, avec une loyauté
que je ne puis trop proclamer, à publier une partie du travail de M. Evetts qui
reste seul chargé de l'*Histoire des patriarches de l'Église copte d'Alexandrie*
depuis saint Marc jusqu'à nos jours.

2. Cf. *infra* p. XI, note 1.

3. J'ai toujours et puis toujours montrer la fin du ms. 301, texte et traduction,
qui est en cours d'impression.

4. Peut-être M. S. qui signe Prof. Dr. C. F. Seybold m'a-t-il cru d'essence bien
inférieure à la sienne parce que je signe simplement d'une initiale suivie du nom.
Ses dernières phrases dans la *Revue Critique* me confirment dans cette idée. On
me permettra donc pour une fois en France d'avoir le pédantisme de signer aussi
cet article Prof. Dr. F. Nau (docteur ès-sciences mathématiques, licencié ès-
sciences physiques, diplômé de l'école des Hautes-Études, section philologique,
professeur de mathématiques à l'Institut catholique de Paris).

quelques phrases[1] et annoncer que le texte de Sévère ibn el Moqaffa[1] avait paru sous son nom en juillet 1904. J'eus la parole peu après et annonçai à mon tour que le fascicule de M. Evetts, déjà présenté au congrès, avait paru en juillet 1904.

On ne me demanda aucune explication et je ne revis plus M. Seybold. Aujourd'hui, il lui plaît, je ne sais trop pourquoi, d'envoyer une lettre à la *Revue critique*, me voici pour lui répondre.

.·.

La question principale est celle de prétendu plagiat. Il aurait suffi à M. Seybold d'écrire une lettre à M. Theillet pour être complètement édifié. Je lui affirme à nouveau qu'il se trompe lourdement car il recourt à des arguties dont je m'occuperai plus loin, lorsque la vérité peut être clairement établie par des témoignages et des faits. Je montrerai à quelle date le texte et les variantes de M. Evetts étaient non seulement constitués mais même mis en pages. Je demande donc à M. Seybold ou de faire des excuses à M. Evetts ou de nommer un jury d'honneur qui lui imposera la vérité[2]. Ce jury répondra à ces deux questions : 1° Où en était la préparation des deux auteurs en avril 1903 ? 2° L'un d'eux a-t-il plagié l'autre ? Une accusation aussi grave que celle de M. Seybold ne peut rester sans sanction. La *Revue critique* voudra bien publier les quelques lignes qui résumeront les conclusions de ce jury.

Je répondrai à la fin (voyez 16°) aux imputations générales.

1° Il est inexact que M. Evetts ne connaisse « pas un mot de copte ». Voici un fait facile à contrôler : M. H. Derenbourg m'avait signalé un mot qui n'était pas arabe et devait à son avis être changé. Le savant professeur ne se trompait pas, mais M. Evetts m'a écrit qu'il maintenait ce mot *parce que c'était un mot copte usité dans l'arabe égyptien*. Je crois pouvoir affirmer que M. E. sait au moins autant de copte que M. S.

---

1. Ces phrases méritent de passer à la postérité à cause de la sereine confiance en soi qu'elles reflètent. Voici ce que j'ai entendu : « Quand j'aurai publié (*ici un ouvrage dont le titre m'a échappé*) ; quand j'aurai publié Sévère ben al Moqaffa que je publie dans le C. S. C. O. et dont le premier fascicule que voici a paru en juillet 1904, alors je publierai l'Idrisi ; l'édition qui a été donnée à Paris est très mauvaise, elle est pleine de fautes, moi je le publierai d'après le manuscrit *** de Paris qui est presque contemporain de l'auteur et aussi d'après l'autre manuscrit *** de Paris qui est très bon. Je demande au congrès de décider qu'il y a urgence à ce que moi je publie l'Idrisi d'après les manuscrits de Paris afin que les gouvernements et les sociétés savantes me donnent des subsides ». — Le congrès a seulement retenu le vœu en faveur de la publication qui sera faite, je crois, par plusieurs savants de divers pays. Une fondation anglaise couvrira les frais.

2. Il suffit à M. Seybold de choisir un Orientaliste et de me faire savoir par voie quelconque qui il a choisi pour le représenter. Je me ferai représenter par un second et ces deux, s'il en éprouvent le besoin, en choisiront un troisième.

2° Voici encore l'histoire simple mais instructive du *Qaisûn* ou *Qaisarûn* auquel M. Seybold consacre neuf lignes. M. Evetts m'a écrit sur une carte postale, le 15 janvier 1904 : « Je voudrais savoir ce que signifie Qaisûn ». Je l'ai donc demandé à un célèbre orientaliste, ami de M. Seybold, qui a eu l'amabilité de me dire : « C'est très vraisemblablement Qaisarûn ». Je l'ai écrit à M. Evetts qui m'a répondu : « Je vous remercie bien d'avoir soumis les épreuves à M. X., j'ai écrit Caesarium pour Kaisun puisqu'il l'a suggéré et j'espère que les autres savants seront de son avis. Mais (*ici une autre hypothèse que M. E. réserve pour ses notes*).... En tout cas ce serait beaucoup d'avoir un nom reconnu au lieu de quelque chose qui n'a pas d'existence ». J'ai encore suggéré une autre hypothèse que M. E., m'a-t-il écrit, réserve aussi pour ses notes. Il y a donc jusqu'ici trois hypothèses. M. S., en termes mystérieux, nous en annonce une quatrième. Cela en fera une de plus.

3° Je pourrais écrire choses analogues su ... ou Museum. M. Seybold ne semble pas avoir lu les lignes sai ... otes de l'avertissement Evetts : « Nous y ajouterons (à l'Introduction finale) des notes sur le texte et sur quelques difficultés qui s'y trouvent ». M. E. a fort bien reconnu les difficultés et les signalera à la fin; il est un peu pédantesque de croire que M. S. les découvre pour la première fois.

4° Il reste trois passages censurés par M. S. Mais en admettant même qu'il ait raison, je lui rappelle — et tout éditeur le sait — qu'il est impossible de publier et de traduire pour la première fois un texte difficile sans y laisser quelques fautes. On n'est tenu qu'à relever ces fautes aux *errata* à la fin de l'ouvrage lorsqu'elles ont été signalées (M. E. les discutera dans ses notes). Je rappelle aussi qu'il est facile de corriger en quelques points un ouvrage publié. Si M. Seybold veut faire *œuvre scientifique,* il lui suffit de traduire un texte inédit, alors M. Evetts le critiquera à son tour et sans doute aussi souvent qu'on pourrait le critiquer lui-même... J'ajoute que *si M. Seybold entend se borner au rôle de correcteur,* il mérite un salaire et Mgr Graffin, qui paie déjà un correcteur, lui donnera volontiers ce qu'il estimera juste pour les corrections qu'il voudra bien nous rendre le service de relever. Y a-t-il là un terrain d'entente?

5° Je ne sais si les variantes de M. Evetts « ne valent rien le plus souvent. » mais je constate que M. Seybold a pris le parti de n'en presque pas donner. Lorsque M. E. a 430 appels aux variantes dans son second fascicule, M. Seybold en a 148. C'est plus commode. Les compositeurs et correcteurs arabes de Beyrouth composent le texte arabe, si je suis bien informé, sur la photographie, aussi bien que les compositeurs français de Paris composent un texte français sur une photographie, on ajoute quelques variantes et on met son nom sur la couverture comme nous l'expliquerons plus bas. Je demanderai encore à M. S. comment il a pu omettre trois mots du manuscrit A, qui sert de base à son édition, dans la seule page de lui que j'ai collationnée (p. 55) sans en avertir en aucune façon. Ce fait me permet de lui demander s'il a collationné le manuscrit 301 composé par les typographes arabes et s'il ne s'est pas borné à parcourir les épreuves, cf. *infra*, 16°.

6° M. Seybold écrit : « il (M. Evetts) est si imprévoyant qu'il introduit dans le texte une correction à moi *qui n'est dans aucun manuscrit*[1]. J'ai mis liyastafidû [min] ta'âlimahu, en ayant soin de mettre ma conjecture entre crochets. Un arabisant aussi médiocre que M. E. n'aurait pas dû être choqué de rencontrer l'accusatif avec *iṣtafâda* ; mais adoptant ma conjecture sans en souffler mot, il l'introduit dans son texte en supprimant les crochets ! ! ».

Je regrette d'avoir une fois de plus à prendre M. Seybold en flagrant délit de mensonge. Car la préposition *min* en question figure dans le manuscrit de Páris n° 4773, fol. 42 r° ligne 7, manuscrit auquel M. Evetts a donné la lettre F. Nous croyons qu'un tel mensonge, portant sur un fait si facile à constater, énoncé en termes si injurieux et destiné à prouver qu'un savant honorable s'est rendu coupable d'un honteux et inavoué plagiat, devrait suffire à lui seul pour exciter contre son auteur la réprobation de tous les savants. Et cependant nous n'avons pas fini[2].

7° Le fascicule de Beyrouth n'a pas paru « deux mois avant celui de M. E. ». M. Seybold confond constamment l'époque de la mise en vente avec l'envoi aux souscripteurs. Nous n'adressons pas de fascicule à nos souscripteurs (qui sont pour la plupart des professeurs) durant les vacances. Mais si M. S. avait demandé le travail Evetts au lendemain du jour où il a lu son annonce dans la *Revue de l'Orient chrétien*, on le lui aurait expédié.

8° Je ne sais si l'avertissement de M. E. est « banal » mais M. S. se trompe en l'appelant « une introduction ». Le titre « avertissement » est cependant imprimé en grandes capitales et il est dit en toutes lettres : « *Nous donnerons à la fin une introduction dans laquelle nous discuterons les sources* de cette histoire et où nous relèverons les données les plus intéressantes qui en résultent, avec d'autres observations sur les Coptes et leur Église. *Nous y ajouterons aussi des notes sur le texte et sur quelques difficultés qui s'y trouvent*, un catalogue des patriarches et des gouverneurs d'Égypte et des tables des noms propres et des matières intéressantes, enfin une liste des termes

---

1. C'est M. S. qui a souligné ces mots.

2. J'apprends au dernier moment que cette préposition *min* se trouve encore dans le ms. 620 du Vatican désigné dans l'édition Evetts par la lettre D. M. Seybold, avant de lancer, avec le fracas de la montagne en travail (Lafontaine, Fables, V, 10), l'accusation générale que je viens de citer, a dû collationner ces mss. Nous sommes donc en droit de nous demander, d'après cet exemple *choisi par lui-même*, si ses variantes et ses crochets offrent une sûreté et même une valeur quelconque.

ecclésiastiques arabes empruntés aux langues étrangères ». Cette
introduction, on le voit, ne sera pas « banale» et M. Evetts entend bien
identifier les mots arabes qui proviennent du Copte et des autres
langues.

9° M. S. se trompe en écrivant « son » appendice, car cet appendice
a été composé et corrigé par M. Theillet seul. Les trois lignes qui
figurent en tête sont de moi. Je me suis borné à *avertir* M. E. que je
demandais à M. Theillet de réunir les principales variantes du manuscrit G qui avaient été communiquées successivement à M. E. et dont il
n'avait pas jugé à propos de tirer parti. — J'ajoute encore qu'il
aurait suffi à M. S. d'adresser une carte postale à M. Theillet dont il
avait l'adresse dans le Journal Asiatique pour apprendre que cet
appendice était tiré avant l'apparition du fascicule de Beyrouth. Je
voudrais bien savoir si cette omission est due au manque d'esprit
scientifique qui fait omettre les solutions topiques, simples et exactes
au profit des solutions artificielles, compliquées et fausses ou bien à
un parti-pris de ne pas chercher la vérité afin de pouvoir conserver
un prétexte de calomnier un savant fort estimable.

10° Il est inexact que la lettre de M. S. à M. E. soit demeurée
sans réponse. Car lorsque M. E. m'a eu écrit le 13 décembre 1904 :
« M. Seybold m'a écrit pour m'accuser de m'être servi de son édition sans l'avouer, bien que, vous le savez, la mienne fût imprimée
et corrigée avant que la sienne ait paru », Mgr Graffin a écrit à
M. Seybold au nom de M. Evetts pour tâcher de le tirer de son
erreur.

11° Il est inexact que mon compte rendu « ait été anticipé et que
j'aie omis, et pour cause, d'indiquer le nombre de pages » car j'indi-
quais le prix de vente (4 fr. 35 pour les souscripteurs). Comme
j'avais expliqué plusieurs fois dans la *Revue de l'Orient chrétien* [1] que
le prix de vente pour les souscripteurs était de o fr. 60 la feuille, tous
mes lecteurs (hors peut être M. S.) pouvaient diviser 4 fr. 35 par
o fr. 60 et trouver 7 feuilles et 1/4 ou 116 pages, nombre de pages du
fascicule; j'ai minutieusement indiqué dans le même article le nombre
de pages de trois autres volumes parce qu'ils n'étaient pas vendus à
la feuille [2].

12° Il est inexact que j'aie « débité les plus grossières malhonnêtetés
à l'adresse de M. S. et de M. Chabot. » Pour M. S., qui s'est reconnu

1. Cf. 1903, p. 154 et p. 642, note 1.
2. Si j'ajoute parfois le nombre de pages, c'est uniquement pour montrer que
nous avons l'honnêteté de ne pas majorer les prix convenus avec les souscripteurs,
tandis qu'une autre publication porte à 17 fr. 50 le prix d'un volume de
12 feuilles et demie après avoir annoncé que le prix de vente serait 1 fr. la
feuille. C'est donc une majoration de 5 francs qui porte le prix de la feuille à
1 fr. 40. Nous maintenons fort honnêtement le prix de o fr. 60 la feuille pour
format plus grand et disposition plus commode, mais il est clair qu'il viendra un
jour où nous déclarerons que la souscription est close.

dans l'orientaliste étranger auquel j'avais écrit pour lui annoncer où en était le travail de M. E. et qui ne m'avait pas répondu (c'est ici seulement que l'on peut craindre une certaine malhonnêteté), je désirais uniquement, puisqu'il n'avait pas répondu à ma lettre, l'amener à une discussion publique qui me permettrait de lui demander où en était sa préparation en avril 1903. Pour M. Chabot, j'ai reproduit, en termes assez ternes, une partie de ce que m'avait dit Mgr Rahmani à son passage à Paris. M. S. a tort de s'immiscer dans une question qu'il ne connaît pas. Lorsque les éclaircissements que veut bien donner Mgr Rahmani seront publiés, il verra que s'il y a, selon son expression, malhonnêteté, ce n'est pas chez moi qui n'ai été qu'un fidèle historien.

13° Il est fort prétentieux et même un peu ridicule de croire apprendre que la « science est internationale » à l'un des directeurs de la Patrologie orientale qui admet des traductions en allemand, en anglais et en italien aussi bien qu'en français. J'ai écrit : « deux Orientalistes étrangers » [1], pour que mes lecteurs ne s'attardent pas à penser à un « orientaliste français » dont je devais parler plus loin.

14° Ce n'est pas « l'apparition » matérielle des 120 pages d'arabe composées à Beyrouth qui m'a irrité; mais j'étais et je suis indigné qu'après avoir dépossédé Mgr Rahmani de la publication de la chronique de Michel, M. l'abbé Chabot ait voulu déposséder Mgr Graffin de la publication de la Patrologie orientale et que M. Seybold, venant à la rescousse, ait voulu, avec complet sans-gêne et sans autre explication, déposséder M. Evetts de la publication de l'histoire des Patriarches, car il n'y a pas de lecteurs pour deux éditions d'un ouvrage dont les passages les plus intéressants ont été déjà publiés par Renaudot et par M. Blochet. Tous les auteurs comprendront, je pense, le service que je leur rends, en censurant les malfaiteurs littéraires qui profitent des subsides des sociétés savantes ou des personnes charitables pour tenter moins de faire des publications utiles, que de causer des préjudices scientifiques et matériels à d'autres auteurs peu ou pas subventionnés.

15° L'appréciation de la beauté des caractères d'imprimerie est évidemment toute subjective, mais on ne peut trop faire remarquer que Mgr Graffin, à l'aide de ses seules ressources, sans avoir encore reçu aucun subside de société savante ou de personne charitable, a fait

---

1. J'ai eu l'heureuse chance de rencontrer l'un de ces deux orientalistes à Alger. J'étais au secrétariat au moment où il se faisait inscrire, je l'ai donc abordé aussitôt et nous avons eu une explication complète et loyale. J'ai appris que c'est M. l'abbé Chabot qui lui a demandé d'éditer l'ouvrage que nous éditions nous-mêmes, et qu'il n'avait appris que beaucoup plus tard, alors que sa préparation était déjà fort avancée, que nous avions annoncé le même ouvrage. Nous avons regretté tous deux qu'il ait été trop tard pour chercher un terrain d'entente et je lui ai dit, comme je le répète encore, que je reportais au débit de M. Chabot les griefs que j'avais cru à tort avoir contre lui.

dessiner, graver et fondre deux corps de caractères syriaques, deux de caractères éthiopiens, un de caractères arabes et deux de caractères coptes (ceux-ci non utilisés encore). Il va sans dire que dessinateurs, graveurs et directeurs ont voulu et cru mieux faire que leurs prédécesseurs.

16° Je termine par les imputations générales et, pour permettre de les juger, je résume ce que j'ai constaté sur les deux éditions :

En prévision d'une controverse au congrès d'Alger, j'avais collationné soigneusement les trois premières pages du second fascicule Evetts avec le passage correspondant de l'édition de Beyrout (P. 54, l. 15. — 55, l. 19) et le ms. 301 de Paris.

J'ai constaté :

A — que M. Evetts conserve soigneusement les idiotismes propres à l'arabe égyptien et à l'auteur, il conserve en particulier toutes les constructions de syntaxe même lorsqu'elles paraissent modernes, car elles ont chance d'être plus anciennes qu'on ne le croit et de remonter peut-être à l'auteur dont il veut reproduire fidèlement le texte. Par contre, il corrige le plus souvent ce qu'il regarde comme des fautes de copistes, il donne en particulier les formes classiques au lieu des formes modernes et vulgaires lorsque celles-ci varient dans les divers mss. et ont donc toute chance d'avoir été introduites par des copistes. Un ms. de Londres (B) beaucoup plus correct que A dans les inflexions lui a suggéré un bon nombre d'heureuses corrections; il donne donc une édition soignée et personnelle du texte arabe. Il laisse et commet quelques fautes, c'est vrai, mais qui dans une édition première n'en laisse pas et n'en commet pas ?

B — que M. Evetts nous donne un bon nombre de variantes; il a exactement vingt appels de variantes lorsque M. S. n'en donne que deux [1] et nous fait connaître en particulier deux manuscrits (il en utilise sept) qui renferment une recension abrégée [2].

C — que la traduction n'a pas pour but de rendre un mot par un mot, mais de donner un texte compréhensible en rectifiant les dates et les noms altérés quitte à avertir plus tard des difficultés rencontrées dans cette œuvre difficile d'identification. M. E. s'est spécialisé depuis longtemps dans l'étude de l'arabe de l'Égypte et de l'histoire ecclésiastique égyptienne. Son édition donne une idée fort avantageuse de sa puissance de travail, de sa conscience d'auteur et de sa science.

D'autre part, j'ai constaté que les typographes arabes de Beyrouth ont composé le texte du ms. 301 de Paris avec une sûreté qui

---

1. Pour la valeur des variantes Seybold, cf. *supra* 6°, surtout p. vi, note 2.
2. Il n'est pas impossible a priori que les recensions abrégées puissent nous fournir quelques éclaircissements sur la composition du ms. 301 qui n'est pas au sens strict un ouvrage de Sévère ben el Moqaffa, comme nous le dirons plus bas. Cf. p. xi, note 1.

leur fait grand honneur. M. Seybold, comme travail personnel, a fait
ici deux seules ¹ modifications et en deux autres endroits a remplacé
la leçon de A par celle d'autres manuscrits indiqués aux variantes par
M. Evetts, soit en tout quatre modifications. Cette édition n'est donc
d'aucune utilité à qui possède le manuscrit A avec des reproductions
de six autres manuscrits. — Par contre, le manuscrit A ayant omis
les points de certain nom propre, les compositeurs ont placé deux
points qui donnent je ne sais quelle ville tandis que M. Evetts avec
un point au-dessus a cru reconnaître le nom d'Antinoé ². Les typographes ont omis trois mots peu importants comme il arrive à tous
ceux qui composent un texte écrit en leur langue, le premier devrait
figurer P. 55, l. 6, le second signifie « soldats » et le troisième est
« le Seigneur » qui figure devant le Messie ³.

Enfin, M. S. a conservé soigneusement bien des fautes du manuscrit A. Je me suis adressé ici, pour aider mon inexpérience, non pas à
M. Evetts à qui je ne communiquerai que les résultats de cette polé-
mique pour ne pas lui causer par là une inutile peine, mais simplement à un compatriote des compositeurs du fascicule arabe imprimé
à Beyrouth sous le nom de M. Seybold. D'après les variantes relevées
par moi, il a bien voulu me dire que M. S. s'est trompé en laissant
imprimer d'après le manuscrit A, p. 54, l. 21 *Kasir* (il faut *kasiran*);
almoumenin (il faut almoumenoun); l. 22 *min* (il faut *fi*); l. 23 et
p. 55, l. 3, 4, terminaison *vav-élif* (il faut oun); — à ce propos et à
propos de Abou, p. 55, l. 8 (il faut Aba) M. Seybold aurait profit,
m'a dit le compatriote de ses compositeurs, à relire les règles des
« cinq verbes » et des « cinq noms » — p. 54, l. 23 *ala'la* (il ne faut
pas l'élif long); p. 55, l. 5 *youkredjouhou* (il faut ajouter un *noun*
avant *hou*); l. 7 *bakyyn* (il faut *bakoun*); l. 19 *markab* (bis) (il faut
markaban), etc. Ces remarques *jointes aux trois mots omis* montrent
que si M. Evetts a laissé subsister des fautes, si même il a parfois
commis des conjectures ou corrections malheureuses, il devrait du
moins être réservé à celui qui laisse peu ou pas de fautes de lui jeter
la première pierre. Mais tel n'est pas le cas de M. S.

Je prie de remarquer que mes raisonnements sont basés uniquement sur le texte que j'ai étudié, j'ai pris sans les choisir les trois pre-

---

1. L'une des deux inutile, le lam du manuscrit A était suffisant.
2. En deux autres endroits, les points ont été exactement rétablis. Un vav évidemment explétif a été supprimé et le nom propre Socrate a été régularisé.
Nous trouvons donc en tout neuf modifications, petites ou grandes, au manuscrit
A (sans compter les trois mots omis) tandis que M. Evetts en cet endroit n'en
apporte pas moins de vingt-six. Se serait-il trompé quelques fois qu'il lui reste-
rait encore un nombre considérable d'améliorations à son actif.
3. Si M. Seybold nous dit avoir omis volontairement l'un ou l'autre de ces trois
mots qui figurent dans le manuscrit A, base de son édition, nous lui dirons qu'il
aurait bien fait d'indiquer l'omission aux variantes, sinon cette mauvaise raison
pourrait couvrir tous les bourdons des imprimeurs.

mières pages du second fascicule Evetts et je n'ai pas été ;'is loin
parce que le métier de correcteur ne me plaît aucunement, j'ai mieux
à faire [1]. Mais si M. S. veut se borner au rôle de correcteur, je répète
encore fort sérieusement qu'il n'était pas nécessaire d'annoncer à
l'improviste une édition d'un ouvrage lorsque je lui écrivais que cette
édition était prête sur ma table d'après le ms. 301 ; il était moins
nécessaire encore de faire composer en hâte ce manuscrit 301 à Beyrouth pour jeter sur le marché 120 pages de texte arabe sans avertissement, ni traduction, ni notes, car le travail exigé par ces éditions
est considérable, les dépenses seront très lourdes et il n'y a pas de
lecteurs pour deux éditions simultanées d'un ouvrage un peu défraî-
chi depuis que Renaudot l'a si largement utilisé. Il aurait suffi et il
suffit encore à M. S. de me faire savoir dans quelles conditions ou
pécuniaires ou honorifiques : citation, remerciement et même nom
sur la couverture, il voudra remplir cette tâche et j'en écrirai aussitôt
à M. Evetts.

.·.

Au point de vue humouristique, cette édition m'a du moins fait
comprendre que si je sais peu d'arabe, d'anglais et d'allemand, je suis
cependant de taille à faire composer une photographie de Sévère à
Beyrouth, de Gœthe à Berlin et de Pope à Londres; je laisserais
subsister, à l'exemple de M. S., des fautes de copiste, mais je serais de
taille à relever quelques variantes et même à collationner la copie
pour ne pas laisser omettre trois mots dans une page sans les rétablir
ou les signaler. C'est cette constatation qui m'a fait trouver une saveur
toute particulière aux locutions de M. Seybold lorsque, parlant du
texte arabe du ms. 301 composé par les typographes arabes de Beyrouth et si peu modifié comme je l'ai dit plus haut, il écrit : « ayant
donc publié moi-même le premier la première partie... » « M. Evetts
se montre fort pauvre arabisant, incapable de constituer un texte
d'après les règles de la critique philologique ». « M. Evetts a utilisé et
pillé effrontément mon texte arabe sans en souffler mot. » « Je citerai
seulement quelques preuves éclatantes ». «Les variantes de M. E. ne

---

1. A un point de vue général, je tiens cependant à faire remarquer que M. S.
après nous avoir annoncé qu'il édite Sévère ben el Moqaffa, débute par des pièces
qui ne sont pas de cet auteur, mais d'un certain Mauhoub. Cf. *Catalogue des
manuscrits arabes de Paris*, page 83, col. I. Il semble même, d'après les préfaces
et le catalogue, que le ms. 301 donne la rédaction de Mauhoub qui a compilé et
continué celle de Sévère. M. S. en prenant pour titre *Sévère ben el Moqaffa, Historia patriarcharum Alexandrinorum* tombe dans le ridicule sous lequel sombre-
rait un auteur qui ferait composer le texte grec de Nicéphore Calliste, compilateur
et continuateur d'Eusèbe, sous le titre : *Eusebius Pamphili, Historia ecclesiastica*.
Il aurait pu, semble-t-il, avant d'expédier le texte arabe à l'imprimerie de Beyrouth,
tâcher de se rendre compte de son contenu.

valent rien le plus souvent, tandis qu'il laisse de côté les vraies variantes »; « il adopte simplement mes formes (quelquefois avec une petite modification) » « ma conjecture » (bis); « mes leçons basées sur le copte »; « mon texte arabe »; « mon texte »; « mon volume ». Toutes ces locutions figurent dans une page et demie de la *Revue Critique* et nous croyons rendre service à M. Seybold en le mettant en garde contre cette infatuation [1] si peu justifiée.

Car nous comprendrions fort bien l'infatuation et une teinte de pédantisme chez les quelques savants qui possèdent seuls les secrets des hiéroglyphes ou des cunéiformes comme MM. Maspero et Scheil ou chez des éditeurs universels comme MM. Budge et Guidi ou chez les patients et sagaces déchiffreurs des pierres brisées ou des papyrus en lambeaux comme MM. Clermont-Ganneau, Crum, Euting, Wessely, etc., et cependant tous ces savants par leur modestie et leur affabilité nous ont inspiré autant de respect pour leur caractère que d'admiration pour leur talent. Mais nous ne comprendrons jamais l'infatuation de ce professeur d'arabe [2] lorsqu'il existe vers l'Arabie tant de milliers de chameliers et d'âniers qui possèdent la langue et la grammaire arabe beaucoup mieux que lui [3].

Prof. Dr. ' F. NAU.

1. Cf. supra, p. iv, note 1.

2. M. S. est un cas isolé. Les arabisants que j'ai l'honneur de connaître, MM. Asin, Barbier de Meynard, René Basset, Bevan, Brockelmann, Codéra, Derenbourg, de Gœje, Nallino, Sachau m'ont aussi inspiré autant de respect que d'admiration. — Je ne puis citer que les savants personnellement connus de moi et dont j'ai pour l'instant les noms présents à l'esprit, sinon je ne doute pas qu'il ne me faille décupler cette liste.

3. Cf. W. G. Palgrave, *Une année de voyages dans l'Arabie centrale*, traduction E. Jonveaux, Paris 1866, t. I, p. 29 et 272-275 : « Les paysans et *les chameliers parlent avec une pureté parfaite*..... Ce peuple a généralement conservé l'idiome arabe dans sa pureté primitive et il se soumet aux règles minutieuses, aux exigences sans nombre de ce qui est assez improprement appelé la langue grammaticale ». — Je cite ce passage non par pédantisme, mais pour montrer que je me suis appliqué, même dans les moindres détails, à atteindre la vérité. J'ai toujours mis en pratique le texte *Ephes*. IV, 25 que M. Seybold se borne à citer. — Je rappelle encore une fois que j'attends le nom du savant chargé de représenter M. Seybold. Je demanderai où en était la préparation respective des deux concurrents en avril 1903 et M. S. demandera s'il y a eu plagiat. Il lui sera pénible d'apprendre qu'il a choisi une mauvaise méthode et a été conduit à d'odieuses calomnies. Ce manque d'esprit scientifique et ces fausses conclusions dans une question si proche de nous et si facile à solutionner jetteront sans doute une légitime suspicion sur les recherches et les conclusions de M. Seybold dans les questions plus obscures, mais l'important pour moi est de voir triompher la vérité; comme il l'a écrit en latin : *Veritas vincet et superabit(it)*.

4. Cf. *supra*, p. iii, note 4.

Le Puy, Imp. E. Marchessou. — Peyriller, Rouchon et Gamon, successeurs.

8

www.ingramcontent.com/pod-product-compliance
Lightning Source LLC
Chambersburg PA
CBHW061815040426

42447CB00011B/2668